D1670513

Comment tenir en ÉQUILIBRE sur une main

Rémi Espuche

PRÉFACE

Tenir sur une main, est-ce vraiment possible ?

J'ai eu la chance d'assister aux deux années d'évolution de Rémi depuis son passage sur une main et jusqu'à sa maîtrise de postures complexes. Personnellement j'ai longtemps essayé de basculer sur une main mais cela s'est révélé bien plus long et difficile que ce que j'avais imaginé. En observant plus globalement la pratique des personnes qui tiennent sur une main depuis leur début, j'ai constaté que la progression est toujours lente et difficile. Les pratiquants ayant appris l'équilibre sur une main ont une régularité et une discipline à ne pas sous-estimer doublées d'une gestion émotionnelle remarquable.

Au cours des entraînements, Rémi m'a montré que l'on possède déjà tout à l'intérieur de soi pour progresser et petit à petit j'ai repris confiance en moi. Grâce à lui, je suis devenue plus attentive, plus patiente et j'ai senti que tenir sur une main serait possible . En dehors de son rôle de coach, Rémi est une personne très simple qui possède l'art de toujours voir le bon côté des choses. C'est en jouant et en explorant dehors qu'il s'est éduqué physiquement. Le jeu est une intention qui a toujours pris le dessus dans ses entraînements et dans sa vie, ce qui fait de lui un homme très heureux. Cependant Rémi est aussi quelqu'un qui a les pieds sur terre, ce qui ne l'empêche pas d'avoir la folie des grandeurs en essayant de repousser les lois de la gravité que ce soit dans la pratique du Parkour ou du Handstand.

Le jour où il a commencé à s'intéresser à l'équilibre sur une main, c'est rapidement devenu sa passion. L'équilibre a pris une place tellement importante qu'il y a consacré tout son temps libre et ce au détriment même de sa vie sociale. Pendant cette période il a enduré de grands moments de frustration et de solitude. Finalement, c'est avec de l'acharnement et beaucoup de patience que cette longue implication a fini par donner vie à une statue humaine aux postures aussi improbables et belles que poétiques.

Pour certains Rémi est le professeur des écoles intellectuel et ordinaire qui passe inaperçu et pour d'autres il est un super héros qui saute loin et tient en équilibre au bord d'un vide mortel. Si vous souhaitez aussi faire connaissance avec l'art de tenir en équilibre sur une main, ce petit guide ne vous laissera pas indifférent.

SOMMAIRE

Préface p.4

Chapitre 1 : Le singe civilisé p.8
Chapitre 2 : L'origine de l'équilibre p.12
Chapitre 3 : Des épaules et des hanches p.16
Chapitre 4 : Des doigts de chirurgien p.18
Chapitre 5 : Respirer pour vivre p.20
Chapitre 6 : Débuter p.22
Chapitre 7 : Rendre efficace l'entraînement p.26
Chapitre 8 : Progresser en 7 étapes p.32
Chapitre 9 : L'intérêt du coaching p.38
Chapitre 10 : Tutoriels avancés p.42
Chapitre 11 : Représentation mentale et caméra p.54
Chapitre 12 : Gestion des émotions p.58
Chapitre 13 : Développement sportif p.62
Chapitre 14 : La culture Handstand p.66
Chapitre 15 : Une histoire d'amour p.70

Remerciements p.72

Chapitre I

LE SINGE CIVILISÉ

Né en 1995 dans une famille nombreuse à la campagne du sud de la France, j'ai grandi proche d'une forêt dans laquelle j'ai toujours aimé me lancer des défis. Entre l'escalade d'arbres, l'exploration de canyons avec des amis du village ou la construction de cabanes entre frères et sœurs, le jeu a toujours eu une place importante dans mon cœur. Un jour de Noël, un trampoline de jardin est apparu au pied du sapin et ma vie a pris un tournant. J'ai passé la deuxième partie de mon enfance à sauter sur la toile. Le parkour est ensuite entré dans ma vie comme une évidence en 2010. Je pouvais enfin combiner mes méthodes de déplacement en forêt à mes sauts périlleux travaillés sur le trampoline et pousser ce mélange dans un environnement urbain. La passion pour le parkour me brûle encore les entrailles à l'heure où j'écris ces mots.

Pendant toutes ces années j'essayais occasionnellement de marcher sur les mains mais la stabilisation sans déplacement me paraissait impossible. J'ignorais totalement l'existence de la pratique du Handstand. En 2016, j'ai vu pour la première fois des vidéos de Miguel Santana et Quentin Sanchez tenir sur une main avec une stabilité et une aisance déconcertantes. Ces extraits m'ont marqué car je me savais incapable de réaliser une telle prouesse. J'ai continué de travailler ma stabilisation sur deux mains toujours à l'occasion, pour passer le temps, toujours en considérant l'équilibre sur une main impossible. L'année suivante je me suis senti suffisamment régulier et stable sur deux mains pour commencer à travailler mon équilibre sur une main. J'étais conscient que cet apprentissage me prendrait du temps mais je voulais connaître mes limites dans ce domaine. En cherchant des athlètes qui maîtrisent cet art sur YouTube, je suis tombé sur une vidéo de vingt minutes montrant la progression de *Daniel Gomez Montilla* sur une main depuis 2002. Cette vidéo m'a énormément motivé et inspiré pour me lancer à fond dans l'entraînement.

J'ai travaillé passionnément pour percer les secrets de l'équilibre. Mes recherches m'ont amené à mieux comprendre le fonctionnement de mon corps, du corps humain en général et me permet aujourd'hui de réaliser mon rêve. J'arrive désormais à créer des séquences artistiques sur une main que je considérais comme impossibles quelques années plus tôt. Une fois l'équilibre maîtrisé et grâce à une forte demande de conseils sur les réseaux sociaux, je me suis tourné vers le coaching. Apprendre ce sport aux personnes autour de moi est rapidement devenu ma nouvelle passion, il s'agissait du meilleur moyen pour participer à l'expansion de ce sport nouveau. J'ai commencé à enseigner en 2019 en France, puis donné des stages à Miami en Floride avant la pandémie mondiale. Par la suite, j'ai été contraint de travailler sur internet avec des méthodes qui se sont avérées finalement très utiles pour réaliser un suivi efficace avec des élèves habitant à l'autre bout du monde.

Le Handstand est un sport issu des arts du cirque, de la gymnastique sportive, et du yoga. Cette pratique consiste à tenir et contrôler son corps en équilibre sur les mains pendant une durée choisie. On retrouve des mouvements de Handstand dans d'autres domaines d'activité tels que le breakdance, le street-workout, le cross-fit ou le freerunning. Bien plus qu'un simple passe-temps, il s'agit d'une activité sportive et artistique qui demande une implication quasiment totale ainsi qu'une pratique chronophage à l'équilibriste.

Pour réussir à maintenir son propre corps en équilibre sur une seule main pendant seulement dix secondes, avec 100% de réussite, un sportif devra s'entraîner plusieurs années, même si cet objectif devient sa priorité absolue et qu'il suit le meilleur programme d'entraînement au monde. La progression s'étalant sur plusieurs années, cet équilibriste devra s'imposer des objectifs au mois, puis les mettre à jour une fois atteints.

Cependant, l'équilibre sur une main est la continuité logique de l'apprentissage de l'équilibre sur deux mains : pratiqué quotidiennement, la capacité de concentration du sportif s'intensifie et s'améliore en même temps que son corps s'assouplit et se renforce. Son système nerveux réagit de plus en plus vite en réponse aux sensations ressenties et aux décisions de mouvements, ce qui rend la réalisation artistique possible. Ce sport se pratique à tous les âges puisqu'il n'implique aucune brutalité des articulations du corps. L'apprentissage s'appuie sur un travail de gainage et de proprioception qui font du Handstand un sport doux et progressif. L'amusement et la créativité sont à la base de mon enseignement de l'équilibre car ils donnent selon moi un sens, et garantissent une motivation sur le long terme.

En écrivant ce livre, je souhaite participer au développement de ce sport incroyable qu'est le Handstand. En plus de la sensation de bien-être que procure sa pratique, il en ressort certaines valeurs profondes. La patience, l'humilité, la connaissance de soi et de ses propres limites en font partie. Ce sport alimente aujourd'hui mon identité et me permet surtout de m'exprimer au travers de vidéos artistiques ou amusantes. Actuellement ce sport n'est enseigné avec ambition qu'en spécialité dans les écoles de cirque françaises et par quelques mentors indépendants passionnés dans certains pays. Par conséquent, la pratique du Handstand reste quasiment inconnue du grand public alors qu'elle ne nécessite aucun matériel ni lieu et qu'elle est gratuite. Je partagerai ici tout ce que j'ai appris sur la manière de s'entraîner afin d'éclaircir les incertitudes des équilibristes isolés, et guider toute personne qui le souhaite dans l'apprentissage de l'équilibre sur une main.

Au fil des chapitres suivants, je détaillerai le fonctionnement général de l'équilibre en expliquant comment augmenter l'efficacité des entraînements à tous les niveaux de pratique. Je mettrai aussi en lumière l'importance des actions cognitives dans le maintien de l'équilibre sur une main et les issues sportives et artistiques qui sont associées à ce sport.

Chapitre 2
L'ORIGINE DE L'ÉQUILIBRE

Tout objet sur notre planète est soumis à l'attraction terrestre. Cette force gravitationnelle qui vous attire inévitablement vers le sol est à l'origine de l'équilibre statique. Pour placer un objet en équilibre, il faut que sa masse soit répartie équitablement au-dessus de sa base de support. La masse de l'objet représente alors une force verticale qui s'oppose à la force de l'attraction terrestre. Dès lors, cette compensation rend l'équilibre possible.

↑ *Compensation des forces statiques*

En pratique, plus la surface de la base de support sera réduite, plus placer l'objet en équilibre demandera de la précision. Toutes les forces extérieures non verticales éventuelles viendront compromettre l'équilibre de l'objet.

Force gratitationnelle

Masse des pierres combinées

Contrairement à un objet dont la masse serait uniformément répartie et fixe, le corps humain est en mouvement continu tout au long d'une vie, et son anatomie complexe lui permet de créer d'autres forces dans toutes les directions. On parle alors d'équilibre dynamique. C'est-à-dire que pour tenir avec stabilité sur les mains, deux éléments sont à prendre en compte. D'abord, il faut contracter certains muscles du corps afin de transformer notre machine mouvante en statue unie. Puis, il faut apprendre à contrôler en temps réel le maintien de l'équilibre actionnant les muscles de la base de support. Ici, il s'agit des mains.

Pour comprendre le gainage nécessaire et utile à l'équilibre il faut s'intéresser à la biomécanique du corps humain. Chaque membre possède une mobilité maximale limitée par les muscles qui relient les articulations entre elles. Pendant l'entraînement physique de l'équilibre, on vise soit l'amélioration de la mobilité de ses articulations, soit l'endurance des muscles impliqués. Un meilleur alignement du corps permettra toujours aux muscles de moins forcer pendant le maintien de l'équilibre, ce qui générera automatiquement plus d'endurance. Voici un exemple en image des zones actives indispensables au maintien de l'équilibre sur deux mains et sur une main dans l'alignement idéal qui permet une endurance élevée.

Zones utiles à l'équilibre sur deux bras

Zones actives
Zones très actives

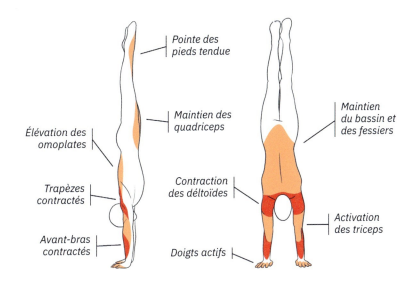

Pointe des pieds tendue

Maintien des quadriceps

Élévation des omoplates

Trapèzes contractés

Avant-bras contractés

Maintien du bassin et des fessiers

Contraction des déltoïdes

Activation des triceps

Doigts actifs

Zones utiles à l'équilibre sur un bras

Zones actives

Zones très actives

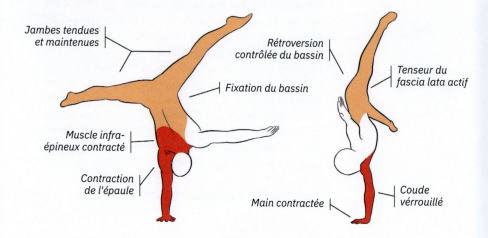

Jambes tendues et maintenues

Rétroversion contrôlée du bassin

Tenseur du fascia lata actif

Fixation du bassin

Muscle infra-épineux contracté

Contraction de l'épaule

Main contractée

Coude vérrouillé

Il existe cependant une infinité de postures qui peuvent être stables sur une ou deux mains, du moment que toutes les forces se compensent et que la structure est solide. Évidemment, chacune d'elles demande une combinaison de gainage de certains muscles spécifiques. Je ne pourrai pas détailler ici l'immense diversité de postures qu'il est possible de réaliser sur une main mais en voici un exemple que j'appelle l'insecte.

Chapitre 3
DES ÉPAULES ET DES HANCHES

En règle générale, tous les positionnements de jambes possibles en équilibre sur deux mains le sont aussi sur une main. De plus, le bras libre sur une main est un membre supplémentaire qui donne accès à un bien plus large panel de figures. Cependant, une problématique reste commune à toutes les postures existantes. Il s'agit de la relation entre les hanches et les épaules. Une bonne ouverture d'épaules simplifie l'équilibre puisqu'elle permet un meilleur alignement et réduit l'utilisation des deltoïdes *(cf. Schéma 1)*.

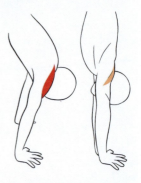

↑ *1: Bienfait de l'alignement sur les deltoïdes*

Deltoïdes sollicités
Deltoïdes soulagés

Une bonne fermeture des hanches ouvre un large choix de postures et de transitions et apporte un contrôle sur les muscles extenseurs des quadriceps indispensables dans l'apprentissage de l'équilibre sur une main *(cf. Schéma 2)*.

Certaines positions permettent de travailler les mobilités d'épaules et de hanches en même temps. La position groupée est la plus commune de ces postures *(page 17, A)*. La combinaison extrême épaule/hanche étire tous les muscles du dos, ce qui la rend complexe mais complète à travailler.

Sur une main, ce lien épaule/hanche se complexifie avec des postures latérales et en rotation, mais le contrôle des deux mobilités reste indispensable dans la réalisation de ces figures extrêmement avancées *(B)*.

D'autres postures sont possibles si on pousse à l'extrême la mobilité des hanches ou des épaules en souplesse active ou en force *(C)*.

La posture du crocodile *(D)* fait partie des plus faciles à apprendre car le centre de gravité est très bas contrairement aux autres postures, ce qui rend le

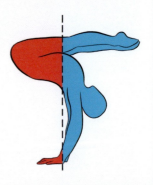

↑ *2: Répartition équitable du poids en seven*

Rétroversion totale du bassin
Ouverture max. des épaules

contrôle dans les doigts plus accessible. De plus, cette posture n'utilise ni la limite de mobilité des épaules ni celle des hanches. Le gainage pour maintenir le corps à l'horizontale et l'appui sur le coude plié sont les difficultés spécifiques pour réaliser cette posture.

(A) Handstand tuck ↓

(B) Overfiga ↓

(C) Drapeau profond ↑

(D) Crocodile sur une main ↑

Chapitre 4

DES DOIGTS DE CHIRURGIEN

Dans le maintien d'un équilibre dynamique, la base de support jour un rôle essentiel. Après avoir correctement réparti le gainage dans son corps, l'équilibriste doit porter son attention sur la sensation de déséquilibre pour agir en conséquence en redressant la structure. Ce sont les doigts et les mains qui sont à la base de ces corrections.

Sur deux mains, l'équilibriste n'a que deux options pour maintenir l'équilibre. Soit il force sur le bout des doigts de ses deux mains, ce qui fera revenir son corps sur ses pieds en position de départ, soit il lève le bout des doigts et supporte son poids uniquement sur les paumes de ses mains. Cette deuxième option lui permettra de faire tomber son corps sur le dos. L'équilibre est maintenu lorsque le poids de l'équilibriste se trouve approximativement au centre de ses mains et oscille entre l'extrémité de la paume et celle des doigts.

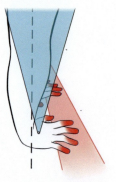

↑ Marge de manœuvre sur deux main

— — — — Alignement idéal

Angle des chutes possibles

Ligne d'action

En pratique, il faut apprendre à ressentir la chute pour réagir à temps et avec précision. L'entraînement régulier permet de s'habituer, connaître les limites de force dans les doigts, mémoriser et reproduire les bonnes actions de maintien de l'équilibre en développant une capacité d'anticipation. Je recommande de répartir dans l'idéal 80 % du poids dans les paumes de mains et 20 % dans les doigts.

← Répartition du poids en équilibre

80% du poids

20% du poids

O Positionnement idéal du poids

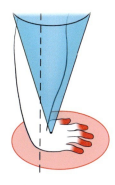

↑ *Marge de manœuvre sur une main*

— — — — *Alignement idéal*

Cône des chutes possibles

Rayon d'action

Sur une main, la compensation latérale n'existe plus et la surface du support est extrêmement réduite. De plus, le poids qu'il faut répartir et faire osciller est multiplié par deux. Combinés entre eux, ces facteurs nouveaux font de l'équilibre sur une main une activité au moins vingt fois plus difficile que l'équilibre sur deux mains. Le gainage devient beaucoup plus précis, le moindre oubli de zone à activer conduit directement à la chute, et les doigts n'ont plus seulement une action linéaire en alternance entre l'avant et l'arrière.

Toujours situé au centre de la main, le poids peut dorénavant se déplacer à droite, à gauche et dans toutes les directions possibles. Pour comprendre le rôle que sa main doit jouer, l'équilibriste devra apprendre dans un premier temps à réagir face à un déséquilibre latéral gauche/droite puis comprendre l'axe de rotation autorisé par son poignet.

Généralement les doigts se contractent et se recroquevillent en cherchant un meilleur appui pour augmenter la force et redresser la structure dans toutes les circonstances.

Le rôle des doigts est donc à la base du maintien de l'équilibre. L'activité rapide et précise sur deux mains devient immédiatement chirurgicale sur une main. Encore une fois, c'est l'entraînement régulier qui construira les bons réflexes utiles dans cette guerre de maintien d'équilibre.

Chapitre 5
RESPIRER POUR VIVRE

L'équilibre sur les mains est énergivore. Beaucoup de muscles sont sollicités et l'activité neuronale est aussi élevée. Afin de fonctionner sur la durée, le corps humain a besoin d'oxygène. Une bonne oxygénation des muscles et du corps en général mènera à une meilleure endurance. Respirer ne nous demande aucune attention lorsqu'on est debout, cela se fait naturellement mais ce n'est pas le cas quand on tient sur les mains. Quelques fois mes élèves oublient de respirer quand ils ont la tête en bas. Leur attention se porte sur la posture, l'action de leurs mains ou la sensation de déséquilibre mais pas toujours sur leur respiration. En apnée sur les mains, un même sujet tiendra au maximum quinze secondes avant que ses muscles ne s'épuisent tandis qu'en adoptant une respiration calme il peut atteindre les quarante secondes.

Sur une main, la respiration joue un rôle encore plus délicat parce qu'elle modifie suffisamment la structure au niveau des poumons pour faire tomber l'équilibriste. Ce n'est pas une priorité absolue mais après avoir appris à tenir dix secondes régulièrement sur une main, adopter une respiration profonde devient une bonne stratégie. Si le ventre se gonfle et se dégonfle à la place de la cage thoracique, la structure totale est moins impactée et l'équilibre devient plus facile à maintenir. Ce contrôle sur la répartition de l'air entrant et sortant demande une bonne connaissance de son propre corps. La pratique régulière aide encore une fois à alléger l'attention que l'on porte sur la respiration en transformant la pensée en réflexe.

Il existe de nombreux exercices amusants pour s'entraîner à respirer. On peut essayer de chanter, siffler, discuter ou même éteindre une bougie et créer des bulles de savon tout en maintenant l'équilibre. Les possibilités artistiques sont évidemment infinies.

Certaines postures dans lesquelles les muscles se contractent à l'extrême ou la cage thoracique subit une pression intense peuvent parfois empêcher une respiration stable. C'est le cas des positions de type planche, hollow-back, figa ou encore des drapeaux sur une main. Généralement ces figures représentent en plus un caractère technique élevé. Je recommande de se concentrer d'abord sur l'apprentissage de la technique même en apnée avant de chercher à respirer, et de respecter un protocole de progression par étapes lié à ces postures. Savoir respirer dans une posture finale comme le full flag requiert un très haut niveau de maîtrise et les athlètes qui y parviennent sont peu nombreux.

Chapitre 6
DÉBUTER

Si on considère comme débutant le pratiquant qui découvre ce sport, alors il existe une marge énorme de niveaux différents de débutants. Elle s'étend du jeune freluquet qui veut tenir deux secondes sur une main par chance le temps d'une photo pour épater les copains, à la montagne de muscles qui reste persuadée à tort que le secret de l'équilibre réside dans la force. Selon moi, vous débutez en Handstand dès l'instant où vous décidez de consacrer un temps presque quotidien à votre entraînement en vous appliquant sur l'endurance par l'alignement.

Il n'existe pas de pré-requis pour débuter, même si il est évident qu'un athlète déjà confirmé dans un autre sport aura plus de facilités à commencer qu'une personne qui n'aurait jamais pratiqué d'activité physique intense dans sa vie. Tout le monde peut s'entraîner à tenir sur les mains car c'est un sport doux et peu risqué. Pendant la pratique du Handstand, les articulations ne subissent aucun impact. Le gainage nécessaire permet d'améliorer notre posture sur le long terme puisque l'alignement du dos est un des axes de travail les plus importants quand on tient sur les mains. La proprioception active les muscles profonds proches des os du corps, ce qui limite aussi les risques de blessures. La mise en équilibre répétée pendant plusieurs essais génère une meilleure circulation du sang et une sensation d'addiction pendant la pratique.

Ce sport atypique procure une sensation de force qui augmente la confiance en soi car chaque record de temps battu sur les mains est une source de satisfaction élevée. Si vous vous considérez trop vieux, lourd ou fragile pour commencer, rappelez-vous que ce sport est gratuit, se pratique partout sans structure ni matériel, en intérieur et en extérieur, seul et en groupe. Arrêtez de vous cacher derrière des excuses, il n'est jamais trop tard pour commencer à s'amuser.

Pour débuter l'entraînement de l'équilibre sur les mains, il est judicieux de se renseigner dans un premier temps sur la manière de le pratiquer. Contrairement à la majorité des sports, le Handstand ne connaît pas de compétition. Les pratiquants progressent généralement pour eux, pour le plaisir, dans un but artistique ou pour réaliser un spectacle. Il est indispensable de s'entraîner avec humilité en respectant son point de départ et ses propres limites.

La sécurité doit être une priorité absolue car ce sport comporte des risques de blessures par répétition comme des inflammations ou des tendinites. Se mettre sur les mains peut faire peur aussi au départ à cause d'un manque de confiance dans les bras. Pour franchir cette peur il est indispensable de s'aider d'un mur, ou de commencer par des exercices adaptés comme l'équilibre sur la tête assisté par les coudes.

Privilégiez un sol dur et plat à un sol vallonné ou mou car les actions utilisées dans les doigts pour maintenir l'équilibre seront plus fiables. Les poignées ou les blocs sont des supports qui facilitent l'équilibre et qui permettent de soulager certaines douleurs de poignet lorsqu'on est débutant. Leur utilisation est possible du premier novice à l'expert car les vertus sont diverses.

Si vous êtes suffisamment à l'aise sur deux mains et que vous souhaitez débuter l'équilibre sur une main, il vous faudra transférer votre poids progressivement en passant par la position piano. Cette technique qui consiste à tenir en appui sur une main et cinq doigts permet d'établir des étapes intermédiaires dans l'apprentissage. Votre objectif sera ensuite d'alléger minutieusement le bout de vos doigts jusqu'à atteindre l'instant où le poids de votre corps repose uniquement sur votre épaule porteuse. Allonger la durée de cet instant sera alors votre plus haute préoccupation avant de réellement lâcher le sol.

Le moyen le plus rapide et complet de vous lancer dans ce sport est de demander les services d'un coach professionnel qui maîtrise déjà les techniques que vous souhaitez apprendre. Le coaching du

Handstand se développe aussi en ligne et il existe de nombreux coachs possédant des méthodes d'apprentissage et des approches variées.

J'ai personnellement appris tout ce que je sais par moi-même, en me renseignant sur internet, en regardant des vidéos mais surtout au travers de mon expérience en tant que coach professionnel et grâce aux élèves que j'ai eu l'opportunité d'entraîner. Si vous comptez apprendre en autodidacte et que vous partez de zéro, je vous conseille de commencer par vous entraîner tous les jours sans aucune exception pendant une semaine, puis un mois, puis deux mois et ainsi de suite. Il est très important de choisir un temps d'entraînement régulier auquel vous arriverez à vous tenir. Cela s'appelle la discipline. Être discipliné est sans doute la plus importante des qualités à adopter quand on commence le Handstand.

Chapitre 7

RENDRE EFFICACE L'ENTRAÎNEMENT

J'ai longtemps surestimé mon niveau d'équilibre sur les mains. La progression est tellement lente qu'il est souvent difficile d'évaluer la difficulté de maintenir son corps stable sur une seule main. Pendant ma première année de consécration, j'étais persuadé que quelques sessions longues éparses me permettraient de débloquer cette capacité exceptionnelle. J'essayais assez souvent de transférer le poids sur ma main droite et lâcher le sol dès que possible, mais l'équilibre n'était pas ma priorité. Je ne travaillais que ma main droite et je pensais mettre une année maximum pour apprendre cette compétence de ninja. Au bout d'un an, j'avais compris comment m'accrocher au sol et activer les doigts mais chacun de mes essais duraient entre deux et quatre secondes en moyenne. J'ai alors décidé d'y consacrer plus de temps en faisant de ma pratique du Handstand ma priorité absolue pendant un mois.

Je me suis imposé un entraînement d'une heure par jour six fois par semaine. Tous mes essais étaient filmés, toujours sur la main droite et uniquement avec les jambes écartées en straddle. À la fin du mois mon record était passé de cinq à treize secondes et ma moyenne de trois à six secondes. La régularité dans l'entraînement avait payé mais je n'avais pas trouvé suffisamment d'amusement dans cette pratique répétitive. Une année s'est écoulée ensuite comme la première, avec des sessions longues réparties au hasard pour le plaisir uniquement. Après deux ans d'entraînement, mon record était toujours de treize secondes mais ma moyenne était passée de six à dix secondes, toujours sur la main droite. J'avais compris que ce sport était ingrat et j'ai décidé de ne plus jamais surestimer ma capacité de progression.

L'année suivante mon métier de professeur des écoles m'a contraint à enseigner dans une ville très éloignée et peu attractive. C'est à ce moment-là que j'ai décidé de consacrer mon année entière à l'entraînement pour percer les secrets de l'équilibre sur une main. Je me suis mis à travailler chaque main indépendamment avec une fréquence de deux heures par jour, cinq jours par semaine. J'ai découvert le plaisir des postures, percé le secret de l'amusement dans l'entraînement, j'ai même créé des mouvements de jambes que je pensais impossibles auparavant et je me suis surtout mis à analyser quotidiennement ma pratique pour comprendre les rouages d'une progression rapide et efficace. À la fin de cette année, je tenais régulièrement quinze à vingt secondes sur chaque main et je connaissais un grand nombre de postures et de transitions. Mon record était passé à quarante et une secondes sur la main droite et trente deux sur la main gauche.

L'année qui a suivi, j'ai continué de m'entraîner pour le plaisir par phases de plusieurs mois avec de grandes pauses. J'étais enfin devenu efficace dans ma progression, et j'avais surtout compris que le Handstand était un sport riche dont la progression était infinie. Je me suis donc tourné vers le coaching pour comprendre encore plus profondément ce processus unique d'apprentissage de l'équilibre et partager mes connaissances dans ce domaine. La chose la plus importante que je souhaite transmettre au travers de ce livre concerne l'organisation efficace d'une session incluse dans un entraînement régulier.

Comme tout sport, l'équilibre sur les mains demande une implication importante qui varie en fonction du niveau du pratiquant. Un débutant s'entraînera moins intensément qu'une personne plus avancée car ses capacités physiques et mentales ont besoin de s'adapter progressivement à l'effort et à la répétition des mouvements. Cependant les sessions doivent être effectuées au minimum quatre fois par semaine et pendant des périodes de plusieurs mois. Quel que soit le niveau de pratique, une session efficace doit toujours être divisée en trois parties. L'échauffement, le jeu et le conditionnement. L'échauffement représente généralement quinze pour-cent du temps de chaque séance et est composé d'exercices basiques qui mobilisent le physique et le mental de l'équilibriste. Le jeu constitue soixante dix pour-cent du temps d'une séance et contient une série d'exercices amusants d'exploration divers et variés. Les quinze pour-cent du temps restant sont consacrés au conditionnement, il s'agit d'exercices d'endurance, de renforcement ou d'assouplissements selon vos faiblesses ou vos objectifs. Le schéma suivant représente la répartition des exercices pour une séance d'une heure.

Échauffement
Jeu
Conditionnement

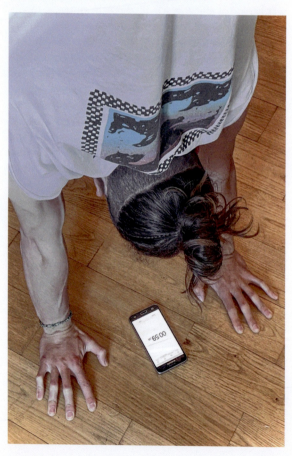

Le temps consacré à un exercice spécifique détermine l'efficacité d'une session au même titre que le nombre d'essais et le temps de pause entre chaque essai. Le niveau de concentration et le choix des exercices dans le respect de l'état du pratiquant sont aussi des facteurs d'efficacité indispensables. Il existe trois objectifs principaux communs à tous les niveaux de pratique : développer l'endurance, augmenter la fréquence de réussite et jouer pour ne pas s'ennuyer.

Développer l'endurance permet de renforcer la stabilité en apportant une sensation de légèreté et de contrôle au fil des sessions. C'est selon moi l'exercice qui génère le plus d'efficacité dans une session.

Augmenter la fréquence de réussite d'un mouvement évite de nombreuses pertes de temps et d'épuisement inutile. Par exemple, une personne qui réussit à trouver l'équilibre sur les mains après sept essais se fatigue sept fois plus et perd sept fois plus de temps qu'une personne qui y arrive du premier coup. Trouver des jeux et aménager ses sessions pour s'amuser au maximum permet d'éviter la frustration. C'est selon moi la clé de l'efficacité d'une progression sur le long terme.

Pour s'entraîner l'équilibriste n'a besoin de rien. Cependant il existe quelques outils communs à tous les niveaux de pratiques qui servent à créer une ambiance sportive nécessaire à la motivation. Mettre de la musique pendant l'entraînement permet de se détendre et fait oublier l'aspect répétitif des mouvements. L'utilisation d'une caméra sert à comparer instantanément le positionnement que l'on imagine faire à la réalité. Le mur est un outil utile à tous les niveaux, il sert de repère, de sécurité et d'exemple dans l'alignement.

Il existe différentes surfaces d'entraînement. Sur un sol dur et adhérent, l'action des doigt correspondra exactement à l'intention de l'équilibriste alors que sur de l'herbe ou sur une surface molle et glissante, les actions d'équilibrage seront légèrement faussées, ce qui n'est pas négligeable pour l'apprentissage de l'équilibre sur une main. Une planche de bois est en général un bon compromis, elle est plate et facile à installer. Sur les blocs, le grip est plus efficace grâce à une meilleure accroche qui rend le maintien de l'équilibre plus facile qu'au sol. Cependant, un temps d'adaptation de quelques sessions est nécessaire pour passer du sol aux blocs et inversement. Je vous déconseille de passer de l'un à l'autre au sein d'une même session car cela complexifie le ressenti global et empêche d'accroître correctement la concentration. En dehors des sessions, lorsqu'il vous prend l'envie de faire quelques essais pour le plaisir, vous pouvez bien évidemment utiliser tous types de supports sur lesquels vous vous sentez en confiance.

Chapitre 8
PROGRESSER EN 7 ÉTAPES

Prenons une personne témoin qui n'aurait jamais ou peu pratiqué de sport dans sa vie et nommons la Marine. Marine serait une femme de trente ans qui mesure un mètre soixante et pèse cinquante kilogrammes. Je détaillerai ici les étapes que Marine aurait à franchir pour apprendre à tenir en équilibre sur une main librement pendant dix secondes avec un taux de réussite de cent pour-cent.

	Étapes	Exemples d'exercices	Objectifs	Durées
1	Mise en confiance	Renforcement musculaire / gainage / apprentissage de la roue / équilibre sur la tête et les coudes	Préparer le physique et affronter la peur	15min/jour 6j/7 pendant un mois
2	Prise de contrôle sur deux mains	Endurance contre un mur / marche sur les mains / pompes avec les pieds élevés / équilibre avec les genoux sur les coudes	Tenir sur deux mains pendant 10 sec. sans mur	20min/jour 6j/7 pendant deux mois
3	Aisance sur deux mains	Endurance sans le mur / mouvements de jambes / apprentissage des positions basiques / équilibre tête rentrée	Tenir sur deux mains pendant 1 min. sans mur	30 min/jour 6j/7 pendant trois mois
4	Transfert de poids en piano	Alléger le poids en piano straddle / allers retours sur blocs / transferts ventre face au mur	Tenir en piano pendant 10 sec.	45min/jour 6j/7 pendant deux mois
5	Aisance en piano	Piano dans toutes les postures de jambes possibles / début des drapeaux et du figa / transitions / endurance / entrées en piano	Tenir en piano pendant une min.	1h/jour 6j/7 pendant quatre mois
6	Prise de contrôle sur une main	Jeux de lâchers brefs du sol / endurance / battre ses propres records de temps seconce par seconde / contrôler chaque chute	Atteindre un record de 10 sec. sur une main	1h/jour 6j/7 pendant huit mois
7	Aisance sur une main	apprentissage des postures et des transitions / endurance sur une main / entrées sur une main / sauts d'une main à l'autre	Atteindre une moyenne de 10 sec. sur une main	2h/jour 6j/7 pendant un an

Dans cet exemple je considère que Marine est régulière dans ses entraînements, qu'elle s'implique en utilisant toute sa concentration dans chaque essai et ne se blesse pas du début à la fin du processus. Selon le tableau précédent il lui faudra deux ans et huit mois pour apprendre à être à l'aise en équilibre sur une main.

↑ *Début de processus*

Ce schéma ne s'applique évidemment pas à tout le monde car les variables liées à cette progression sont trop nombreuses. De plus, un pratiquant qui aurait le niveau de réaliser les exercices de la cinquième étape devrait impérativement construire ses sessions en combinant les exercices des étapes précédentes. L'australien Paul Twyman explique la répartition du temps d'entraînement dans l'apprentissage de l'équilibre sur une main avec des graphiques très simples. Ces graphiques comparent la quantité de travail sur deux mains et sur une main au sein d'une session inscrite dans le processus d'apprentissage de l'équilibre sur une main.

↑ *Milieu de processus*

Vous remarquerez aussi que le temps quasi quotidien d'entraînement augmente au fil des étapes pour habituer le corps progressivement au travail régulier. De cette manière, le pratiquant évite les tendinites et son endurance ne fait qu'augmenter. La plupart des artistes de cirque qui présentent le Handstand en spectacle peuvent encaisser six heures d'entraînement par jour sans se blesser.

↑ *Fin de processus*

Sur deux mains
Sur une main

La bonne nouvelle c'est que la mémoire musculaire permet au sportif de retrouver plus rapidement ses capacités après une période d'inactivité à condition que cette personne ait subit un entraînement régulier avant sa période de repos. Pour cette raison, les techniques apprises sur les mains ne se perdent presque jamais, la force diminue mais la remise à niveau après une longue pause est toujours de courte durée.

Le niveau d'une personne varie énormément d'un jour à l'autre. Dans une pratique sportive aussi fréquente, l'équilibriste rencontre forcément des bons jours et des mauvais. Cependant le niveau moyen du pratiquant n'évolue que très peu. Ce sont souvent les émotions qui ont raison de qualité d'un entraînement. Si le sportif est d'humeur joyeuse légère et posée, il cherchera à s'amuser. Perdre l'équilibre aura moins d'importance que les secondes de plaisir passées à dominer la gravité. Si au contraire le pratiquant n'accepte pas le niveau que son corps lui permet, il deviendra aigri, frustré, et risquera de se décourager.

Pour éviter que la frustration ne prenne le dessus, le moyen le plus simple est de revenir à des mouvements plus simples en descendant les étapes de progression. Le lien entre le corps et le mental n'est pas tous les jours aussi solide à cause d'un manque de sommeil, d'une mauvaise alimentation ou encore d'une angoisse quelconque. Les sensations corporelles que l'on capte pendant une session varient. Il est indispensable d'y être attentif et de les respecter pour pouvoir agir dessus. L'équilibriste et coach anglais Jonathan Last établit avec humour une courbe de progression au Handstand représentant l'entraînement d'un pratiquant qui ne prend pas ses émotions en considération.

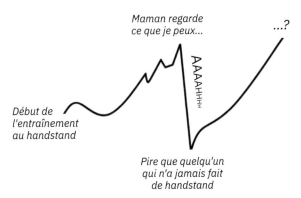

Maman regarde ce que je peux...

AAAAHHHH

...?

Début de l'entraînement au handstand

Pire que quelqu'un qui n'a jamais fait de handstand

La progression dans l'apprentissage de l'équilibre sur une main est certes de longue durée mais rassurez-vous : elle est exponentielle. Il est extrêmement difficile d'accumuler des secondes efficaces d'équilibre lors des premiers mois d'entraînement. Cependant, considérons une session contenant trente essais sur une main avec un taux de réussite moyen de trois secondes par essai. À la fin de cette session, l'équilibriste aura accumulé au total trente fois trois secondes soit quatre-vingt-dix secondes sur une main. Or une seule seconde d'équilibre de plus dans la moyenne suffit pour multiplier considérablement l'efficacité de la session : trente fois quatre secondes équivaut à cent-vingt secondes cumulées.

Dans cette logique prenons un équilibriste expérimenté qui tiendrait trente secondes à chaque fois. Il lui suffira de seulement trois essais pour cumuler autant de temps effectif qu'un débutant en trente essais. C'est la raison pour laquelle plus on avance dans le processus d'apprentissage de l'équilibre sur une main, plus la progression est rapide.

En réalité l'équilibriste qui sait déjà tenir plus de dix secondes sur une main s'intéresse à l'apprentissage de figures complexes ou de transitions. Pour cette raison, son temps d'entraînement ne cesse d'augmenter. Le travail change également car tenir simplement en équilibre stable sur une main ne pose plus de problème au-delà d'un certain niveau. Les professionnels s'échauffent même en commençant par quelques essais stables de longue durée sur une main avant d'entamer leur travail de recherche de postures et de transitions.

Lors d'une conférence TEDx à Stockholm en 2014, l'équilibriste professionnel de renommée mondiale Mikael Kristiansen a terminé son discours en citant son maître russe :
« Les dix premières années, c'est beaucoup beaucoup de douleur. Mais après, c'est comme des vacances »

Chapitre 9
L'INTÉRÊT DU COACHING

Le coaching est le moyen le plus efficace pour un équilibriste d'accélérer sa progression. J'ai tout appris en autodidacte pendant plusieurs années et mon rôle de coach sur lequel je travaille depuis quelques années me permet maintenant de voir mes élèves progresser beaucoup plus vite que moi. Les raisons sont multiples et je présenterai dans ce chapitre ce que j'ai appris pendant mes deux dernières années de coaching.

Prendre un coach empêche la démotivation. Le processus d'apprentissage long peut s'avérer répétitif, ennuyeux et frustrant. Il est nécessaire pour un élève de comprendre dès le début l'ampleur du travail dans lequel il se lance. La relation entre le coach et l'élève doit être quasiment quotidienne et basée sur la confiance. Une approche psychologique et émotionnelle est aussi fondamentale. Un bon coach de Handstand doit comprendre le contexte de la vie privée de ses élèves car elle est toujours à l'origine de leur comportement dans chaque séance. Une difficulté sociale par exemple engendre fréquemment une baisse de concentration puisque l'attention de l'élève est détournée. Si aucune solution adaptée n'est proposée pour rehausser cette concentration, l'élève perdra énormément d'efficacité dans ses entraînements.

Recourir à un coach aide à cadrer les séances. J'utilise mes connaissances en besoin de repos musculaire pour construire les plannings hebdomadaires de mes élèves. Avoir un cadre fixe auquel on sait qu'on peut se tenir sans risquer de se blesser est fondamental dans l'apprentissage de l'équilibre sur les mains. Un bon coach de cette discipline doit connaître aussi les nombreux exercices d'entretien des articulations pour éviter les tendinites qui sont les blessures les plus fréquentes dans ce sport. Par-dessus tout, le coach analyse, comprend le niveau de ses élèves et leur propose une série d'exercices accessibles dans les limites de leur zone de progression.

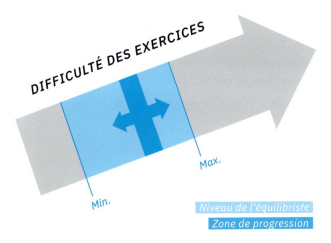

Les équilibristes qui apprennent en autodidacte sous-estiment ou surestiment souvent leur niveau car la zone de progression est pour tout le monde excessivement courte comparée à la longueur du processus. De plus cette zone de progression n'est pas fixe et varie dans les limites du niveau de l'équilibriste d'un jour sur l'autre. Les exercices à pratiquer sont donc fréquemment ressentis comme trop difficiles ou trop faciles. Un élève qui surestime son niveau se heurtera à des exercices inaccessibles pour lui, ce qui ralentira considérablement sa progression, bien qu'il finisse par atteindre la fin du processus après plusieurs années de recherche. Au contraire, un élève qui sous-estime son niveau travaillera des exercices trop faciles et n'osera pas affronter les exercices qui lui paraissent insurmontables. Cette erreur le fera stagner même si ses bases finiront par être complètement maîtrisées. Seuls les coachs ayant traversé eux-mêmes tout le processus d'apprentissage sont capables de déterminer les zones de progression de leurs élèves et connaissent les exercices adaptés à leur niveau.

L'analyse de vidéos est l'outil le plus important de l'équilibriste qui souhaite apprendre à tenir sur une main. Dans l'objectif d'une continuité artistique, se filmer et analyser sa propre performance permet aussi de renforcer le lien entre ce que l'on ressent et ce que l'on fait réellement. Le coach, grâce à son expérience pratique, a passé un nombre incalculable d'heures à analyser des vidéos d'équilibre. C'est pour cette raison que même le coaching en ligne apporte d'excellents résultats.

Les cours en direct individuels ou en groupe restent les moyens les plus efficaces pour comprendre les recommandations du coach car sa présence physique transmet beaucoup plus d'informations qu'un message uniquement auditif ou visuel. La gestuelle, l'intonation et la démonstration ont concrètement plus d'impact en direct que lors d'un appel vidéo par exemple. La mise en équilibre assistée par le coach et la communication pendant cette action précise est remplacée par le travail contre un mur dans le coaching en ligne. Les sensations ressenties par l'élève seront toujours plus fortes en direct, bien qu'un suivi soit plus facile à réaliser en ligne étant donné que ce sport peu répandu ne se pratique dans aucune salle de sport française actuellement, excepté dans les cirques. De plus, le coaching en ligne permet de rassembler un coach et ses élèves, même d'un bout à l'autre de la planète.

En bref, le coaching en direct et le coaching en ligne ont chacun leurs avantages et inconvénients qu'il peut être bon de mesurer avant de s'inscrire. Attention aussi au choix du coach ! Ne vous inscrivez pas aux programmes attractifs qui vous promettent un apprentissage de l'équilibre sur une main en un mois seulement ! Une personne qui possède une maîtrise totale de l'équilibre n'est pas forcément douée pour l'enseigner non plus. L'expérience d'un coach et ses résultats réels peuvent témoigner à eux seuls de son efficacité car chaque nouvel élève rencontré présente des difficultés spécifiques et c'est au coach qu'il appartient de les cerner afin d'apporter des solutions.

Dans l'acro-yoga et dans le cirque, le main-à-main est une pratique très répandue dérivée du handstand. Ma courte expérience dans ce domaine me permet seulement d'affirmer que c'est la *base* (le porteur) qui crée les mouvements nécessaires pour que le *flyer* (le

porté) reste en équilibre. Le flyer, n'ayant aucun contrôle sur les pertes d'équilibre, doit s'appliquer uniquement à solidifier sa structure en accentuant son gainage général et en faisant confiance à sa base.

À l'heure où j'écris ces mots, je ne peux malheureusement pas enseigner cette pratique remarquable qui construit un lien solide entre deux personnes. En effet, dans le mains-à-mains, il faut s'entraîner ensemble pour progresser, ce qui est fondamentalement différent du Handstand.

Chapitre 10
TUTORIELS AVANCÉS

Après avoir acquis une stabilité convenable sur une main, il devient intéressant d'apprendre une panoplie de postures et de transitions. Cela permet non seulement de découvrir l'étendue des possibilités biomécaniques qu'offre l'équilibre sur une main, mais aussi de gagner en aisance, ouvrant ainsi les portes de la création artistique de manière générale. Je présenterai ici sous la forme de tutoriels un ordre logique des éléments que vous pouvez travailler en équilibre sur une seule main, du plus simple au plus complexe.

Tuto 1 : air-baby

Catégorie : les postures basses
Difficulté : 1

En équilibre sur une main, les postures pour lesquelles le centre de gravité est bas sont les plus simples à apprendre car l'équilibriste possède plus de temps pour réagir face à un déséquilibre. Les figures qui se pratiquent en appui sur le coude sont largement considérées comme faciles puisque la force nécessaire dans l'épaule est considérablement réduite grâce au rôle du coude.

Prérequis : stabilité sur une main en straddle, maîtrise des postures frog et crocodile sur deux mains.
Avantages : renforcement des muscles obliques et du deltoïde, agrandissement de la carte mentale et par conséquent des possibilités de transitions et de postures.
Comment s'y prendre : à partir de la position frog, transférez le poids sur un seul coude puis alignez progressivement votre corps en utilisant un support circulaire. Pensez bien à lever votre buste, tendez le bras porteur le plus possible, et n'oubliez pas de plier à fond la jambe en appui.

A.

B.

C.

Se positionner en frog

Placer son poids sur un seul coude légèrement plié

Plier à fond la jambe en appui et lever le buste

A.  B.  C.

Se placer en piano straddle

Plier les jambes à 90° en gardant les pointes tendues

Placer la main libre

Tuto 2 : l'insecte

Catégorie : les postures droites
Difficulté : 2

Dans la création de postures il est toujours indispensable de se filmer pour ajuster chaque membre du corps avec précision. On se place en général par rapport à la caméra, donc si l'angle de vue change, les sensations changent aussi. Afin d'obtenir la posture que l'on désire il faut ensuite modeler le corps progressivement d'une vidéo sur l'autre. Chaque posture est d'abord construite sur une main et cinq doigts, ce n'est qu'une fois la structure stabilisée qu'on lâche la main. L'objectif ensuite est de maintenir la structure solide en activant les doigts de la main porteuse pour contrer chaque déséquilibre.

Prérequis : dix secondes d'endurance en straddle sur une main.
Avantages : désynchronisation de la concentration, travail de mobilité des trois membres libres.
Comment s'y prendre : à partir de la position piano straddle, modelez les jambes pour atteindre une forme d'insecte. Une fois la structure solide, lâchez prudemment la main libre pour venir la placer en pliant le coude dans le but de compléter la posture finale. Restez immobile le plus longtemps possible. Une fois l'insecte maîtrisé, vous pouvez bouger vos chevilles et votre poignet tout en conservant votre stabilité.

A.

B.

C.

Se placer en straddle
sur une main

Fermer les jambes
et le bras en diamant

Ouvrir les chevilles
et le poignet

Tuto 3 : la fleur

Catégorie : les transitions
Difficulté : 3

Les transitions répétées sont utiles pour relier les postures entre elles, construisant petit à petit une carte mentale qui n'appartient qu'à l'équilibriste. Cette carte rassemble les sensations d'un individu face à la perte ou au maintien de l'équilibre en créant des chemins logiques par répétition et mémorisation. Le point d'origine de cette carte mentale est le centre de gravité ressenti par un équilibriste dans la position qu'il a le plus travaillée pendant son processus d'apprentissage. En général il s'agit de la position straddle classique. Toutes les postures que cet individu aura travaillées en parallèle constitueront d'autres points répartis sur sa carte mentale. S'entraîner à relier les points entre eux apporte une liberté de mouvement et une connaissance corporelle satisfaisante utilisable dans la réalisation artistique.

Prérequis : dix secondes d'endurance en diamant sur une main.
Avantages : compréhension artistique du mouvement, agrandissement de la carte mentale.
Comment s'y prendre : à partir de la position straddle, fermez en position diamant puis ouvrez vos chevilles et votre poignet pour atteindre la position de la fleur. Pensez à contrôler l'équilibre entre chaque étape de progression sans vous précipiter. Une fois la fleur maîtrisée, vous pouvez plier vos doigts de main et de pieds en guise de bouquet final.

Se placer en piano tuck jambes croisées

Basculer en drapeau

Placer la main libre

Tuto 4 : le bol de riz renversé

Catégorie : les drapeaux
Difficulté : 4

L'apprentissage de l'équilibre en drapeau est indispensable pour plusieurs raisons. D'une part il renforce toute la chaîne musculaire du triceps au muscle infra épineux nécessaire au maintien de l'équilibre sur une main, d'autre part, et puisqu'ils demandent plus d'énergie au corps qu'un simple alignement, les drapeaux simplifient énormément le travail des postures droites qui paraissent beaucoup plus légères en comparaison. De plus, les muscles obliques sont étirés activement pendant cet exercice qui offre un large choix de possibilités artistiques et représente le début du chemin vers la presse sur une main.

L'apprentissage des drapeaux s'effectue en trois temps. D'abord, on apprend à descendre les postures en piano jusqu'à un point fixe où l'on peut lever la main et maintenir l'équilibre le plus longtemps possible. Ensuite, on apprend à descendre les drapeaux à partir de postures droites et à les remonter sans tomber. Pour finir, on apprend les transitions entre plusieurs postures de drapeaux. Je recommande de suivre cet ordre d'apprentissage pour éviter de perdre du temps car la construction d'endurance mène aux répétitions de transitions qui mènent elles à la création artistique.

Prérequis : liberté des jambes sur deux mains, dix secondes d'endurance sur une main.

Avantages : expression artistique du mouvement, agrandissement de la carte mentale.

Comment s'y prendre : à partir d'une position piano tuck avec les jambes croisées, cassez le bassin en descendant en drapeau. Pour y parvenir, ouvrez d'avantage l'épaule porteuse et laissez vos fesses tomber en avant. Terminez la posture en plaçant votre main libre puis gardez l'équilibre pendant le plus longtemps possible.

A.   B.   C.

Premier éducatif figa   Deuxième éducatif figa   Troisième éducatif figa

Tuto 5 : le figa

Catégorie : les figas
Difficulté : 5

La carte mentale peut se diviser en trois grandes zones de concentration différentes : les postures droites, les drapeaux, et les figas. Cette dernière zone concerne toutes les figures impliquant une rotation du bassin et une élévation accentuée de l'épaule. Dans la catégorie des figas on retrouve les postures les plus difficiles à tenir sur une main d'un point de vue technique. Leur apprentissage est toujours combiné d'un travail de souplesse qui est mise à rude épreuve. Les épaules doivent rester alignées malgré la rotation du bassin et les sensations de déséquilibre sont beaucoup plus précises que dans la pratique des postures droites. Le nombre d'éléments sur lesquels se concentrer pour maintenir l'équilibre est décuplé par rapport aux drapeaux et aux postures droites.

Prérequis : bonne souplesse en torsion du tronc et en pancake, dix secondes d'endurance sur une main, liberté totale des jambes sur deux mains.

Avantages : nouvelles sensations d'équilibre, agrandissement de la carte mentale.

Comment s'y prendre : à partir d'une position piano straddle, faites tourner votre jambe basse pour la faire rejoindre votre jambe haute tout en gardant les deux épaules dans le plan initial. Repoussez à fond dans votre épaule porteuse et activez le muscle tenseur de fascia lata de votre jambe haute pendant toute la manœuvre. Cette position étant extrêmement difficile à tenir, vous pouvez utiliser un support pour surélever votre main libre ou apprendre la série de positions intermédiaires ci-contre.

Une bonne souplesse de fermeture des hanches et de flexion latérale des obliques avantagera toujours un équilibriste, la presse sur un bras en est encore une fois la preuve. Ce mouvement est sans doute l'élément le plus difficile à apprendre sur une main puisqu'il requiert une force titanesque, une souplesse remarquable et une précision redoutable. Pour y parvenir, je vous recommande de vous entraîner à réaliser des *négatives* (répétitions de descentes lentes et contrôlées en excentrique) une fois tous les deux jours, sans jamais dépasser le seuil de douleur. Savoir enchaîner des *presses stalder* (presse complète sur deux mains en partant de l'équerre) et descendre des drapeaux profonds sur une main sont aussi des prérequis indispensables avant d'apprendre la presse sur un bras. Travailler le L-sit sur une main, et plus généralement renforcer et assouplir les extenseurs de hanches permettra également de gagner une amplitude en parallèle. Ne maîtrisant pas encore ce mouvement moi-même, je ne me permettrais pas d'en faire un tutoriel imagé ici.

Chapitre II
REPRÉSENTATION MENTALE ET CAMÉRA

Les muscles du corps humain sont reliés au cerveau par le système nerveux. Pour commander une action, le cerveau envoie une information sous forme d'un signal électrique qui chemine dans les nerfs et parvient presque instantanément aux muscles concernés qui s'activent ou se relâchent en fonction de l'action demandée. Quand il s'agit d'un mouvement précis comme jeter une fléchette au centre d'une cible, l'ordre donné par le cerveau doit être juste et le geste engendré doit correspondre exactement à l'ordre donné. Pour augmenter la fréquence de réussite, le joueur de fléchette doit répéter le mouvement quotidiennement pendant un certain temps. Une action réalisée plus de sept fois en moins de dix minutes peut avoir un impact bénéfique pendant le sommeil, à condition que la régularité quotidienne soit respectée car le cerveau travaille aussi la nuit.

Le travail de l'équilibre sur une main est similaire à ce schéma, sauf que les gestes en question impliquent une précision chirurgicale et un contrôle absolu sur quasiment tous les muscles du corps et en particulier dans les doigts de la main porteuse. Pendant le maintien de l'équilibre, le cerveau n'est plus seulement donneur d'ordre, il est aussi receveur d'information. C'est à dire qu'il doit être capable de ressentir au plus vite les sensations de déséquilibre et leurs directions pour pouvoir commander aux doigts les actions d'équilibrage adaptées. Le trajet de l'information est donc allongé ce qui augmente les possibilités d'échec.

Toutes ces étapes doivent être réalisées en moins de deux dixièmes de secondes et en continu pour que l'équilibre sur une main soit maintenu. Il s'agit finalement de transformer une action précise en réflexe au fur et à mesure des entraînements. Au-delà de la complexité de ce schéma, rappelons que le corps entier doit être parfaitement gainé dans l'alignement, que le cerveau doit agir sous une pression physique intense et ne pas tenir compte des facteurs de déconcentrations extérieurs éventuels. Pendant une séance d'entraînement, il est indispensable de s'appliquer à accélérer les deux premières étapes de ce schéma. Pour choisir une réaction adéquate face à une chute, le plus efficace est d'essayer sans cesse des nouvelles stratégies ou de laisser votre coach vous guider.

Il existe un phénomène de mimétisme ponctuel intéressant bien que peu efficace dans l'apprentissage de l'équilibre sur une main. Le principe est fascinant : prenons un équilibriste qui pratique déjà quotidiennement l'équilibre sur une main mais qui n'est qu'à la moitié de son processus d'apprentissage. Lâcher le sol et tenir quelques secondes est encore rare à son stade d'évolution. Si cette personne observe un équilibriste professionnel tenir longtemps sous ses yeux et qu'elle essaie instantanément de reproduire ce qu'elle vient de voir, ses chances de réussite seront plus élevées. Il s'agit d'une capacité ancestrale que les humains possèdent depuis la nuit des temps. À la manière des singes nous avons plus de facilités à reproduire un geste précis que nous avons analysé juste avant chez une autre personne. Dans cette logique, et pour la même raison qui pousse les danseurs à s'entraîner devant un miroir, l'apprentissage du Handstand doit passer par l'analyse vidéo. Un équilibriste qui filme chaque essai et regarde ses performances pendant chaque temps de repos qu'il s'impose dans ses sessions progressera plus vite qu'un équilibriste qui s'entraîne sans se filmer. Tout d'abord parce que le lien entre ce que vous pensez faire et ce que vous faites réellement est complètement faussé dès que votre corps est renversé sous pression. Avec la prise de profil, la caméra donne un repère visuel qui facilite énormément l'alignement sur deux mains et sur une main. Vous filmer permet alors de modeler petit à petit, une vidéo après l'autre, le placement des membres de votre corps comme vous le souhaitez. Cet outil est aussi bien évidemment indispensable pour les équilibristes qui souhaitent créer des postures en modulant progressivement leur corps à leur guise. Sans caméra il est impossible de connaître précisément le placement des membres, et la carte mentale qui se construit dans la tête du sportif ne correspond pas du tout aux mouvements réels exécutés.

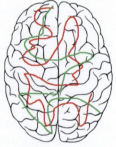

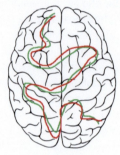

Ce qu'on croit faire
Ce qu'on fait réellement

↑ Séance non filmée   ↑ Séance filmée

Certes la perception des sensations est primordiale pour parvenir à tenir en équilibre sur une main mais la construction d'un lien solide entre la sensation et la réalité n'est pas le seul avantage de l'utilisation d'une caméra. L'analyse de chaque chute est importante pour ne pas reproduire les mêmes erreurs que les essais précédents. Lorsque l'on se filme on peut comprendre les causes de chaque chute, à condition d'être aussi très attentif à notre ressenti pendant l'essai. Se filmer génère également une auto-motivation car chaque record battu est un tel exploit que l'on essaie ensuite de tout faire pour dépasser à nouveau nos limites, la vidéo faisant encore office de mesure et de preuve puisqu'on peut calculer le temps réel passé sur les mains.

La concentration est une activité mentale. Elle peut s'améliorer en s'intensifiant et en s'allongeant. L'entraînement au Handstand construit une résistance physique adaptée aux mouvements répétitifs mais aussi une résistance mentale face au besoin intense de concentration que la pratique quotidienne requiert. La combinaison de ces deux résistances développe une anticipation des chutes sous forme de confiance envers les réflexes appris.

Lors d'un entraînement, les distractions peuvent être nombreuses. Il faut toujours savoir les détecter pour les accepter. Un bruit, un chat, une question, ou juste une brise légère peuvent mener à la chute. Je recommande donc de couper au maximum le contact avec le monde extérieur pendant les entraînements.

Dans le cas où l'on se filme régulièrement, où l'on s'applique à ressentir et à agir correctement, et où l'on s'entraîne loin de toute distraction, il arrive parfois d'entrer en phase d'hyper-conscience. Ce sentiment

de connexion totale entre le corps et le mental peut durer plusieurs dizaines de minutes tant qu'on reste hypnotisé par la répétition d'un même exercice dans lequel on apprend activement de chaque chute. Cette phase de compréhension totale se révèle incroyablement efficace et productive pendant une session. Pour l'atteindre, il faudra à l'équilibriste une grand humilité et sensibilité vis-à-vis de ses capacités physiques et mentales doublée d'une implication totale dans la pratique.

Chapitre 12
GESTION DES ÉMOTIONS

La gestion émotionnelle prend une place importante dans l'apprentissage de l'équilibre sur une main car un équilibriste s'obstine généralement à répéter sans cesse les même chutes tous les jours pendant plusieurs mois. Le mal-être provoqué par l'échec répétitif provient tout simplement d'une certitude que l'on s'obstine à démontrer en vain. Il s'agit de l'illusion qui défend que tenir sur une main en équilibre est une activité facile d'accès et dont la progression est linéaire comme celle de l'apprentissage du vélo par exemple. La frustration émerge souvent au moment où l'on refuse d'accepter la fatalité de l'évolution quasiment stagnante et interminable de cette pratique. À l'échelle d'une session, notre état physique et psychologique limite aussi fréquemment notre niveau, ce qui nous incite à nous croire moins bon que la veille ou au contraire excellent du jour au lendemain.

La prise de recul, la compréhension de notre niveau moyen et de nos émotions qui changent constamment aident à éviter la frustration et permettent de s'appliquer à trouver du plaisir dans l'entraînement. Au bout d'un certain temps de pratique, au-delà des multiples intempéries dévastatrices de larmes et d'abandon, on aperçoit enfin les lueurs du soleil. Un espoir nourri de patience, d'humilité et de confiance en soi.

Pour trouver du plaisir quotidiennement dans les entraînements il est nécessaire d'être attentif à notre rapport avec la routine afin de savoir quand la casser, comment la diversifier ou au contraire quand continuer de travailler inlassablement les mêmes exercices. La meilleure solution est selon moi d'inclure systématiquement dans chaque session un

travail des bases, un temps de recherche par le jeu, et un temps de renforcement. Les bases et le renforcement sont des exercices répétitifs et indispensables. Il est donc judicieux de choisir des exercices qui nous amusent en fonction de nos émotions immédiates et d'y consacrer un temps relatif selon notre humeur du jour. Ces exercices de base et de renforcement que l'on choisit doivent être réalisables en moins de trois tentatives, sinon cela signifie qu'ils sont trop avancés pour notre niveau. Tout le temps de recherche par le jeu doit être également agrémenté de défis rigolos, d'exercices nouveaux et stimulants. Les jeux sont généralement de deux natures. Soit on découvre peu à peu les limites de notre carte mentale des postures et transitions, soit on met notre concentration à l'épreuve en utilisant volontairement des facteurs de distraction. Par exemple discuter en conservant l'équilibre, fermer les yeux, utiliser sa main libre pour réaliser n'importe quelle activité manuelle sont des exercices très amusants.

Développer la créativité est indispensable dans la pratique puisque la moindre modification de posture ou d'angle de caméra produit des nouvelles sensations et un nouveau rendu visuel. Un équilibriste expérimenté qui connaît parfaitement sa carte mentale peut bouger dans ses limites comme il le souhaite tout en conservant sa stabilité sur une main. Dans le cas où un pratiquant a expérimenté un grand nombre de possibilités de mouvements avec son corps, ses capacités peuvent lui permettre de danser librement, reliant toujours de nouveaux points ou transitions de sa carte mentale à d'autres. La création de nouveaux mouvements devient ainsi illimitée, et chaque geste peut correspondre à un exercice précis à travailler pendant une séance d'entraînement.

Pour obtenir une haute satisfaction à chaque séance, il faut trouver un exercice que l'on peut réussir après plus de dix tentatives. Plus le nombre d'essai sera élevé, plus la réussite sera agréable. C'est aussi pour cette raison que la connaissance de nos propres capacités et le haut respect de nos émotions est important dans la pratique de l'équilibre sur les mains. En effet, si l'exercice choisi s'avère trop difficile, il faut être en mesure de l'identifier suffisamment tôt pour y renoncer et passer directement à un autre défi plus adapté.

La peur est une émotion que vous pouvez rencontrer à tous les niveaux de pratiques. De la crainte d'avoir la tête en bas à la frayeur que procure la pratique de l'équilibre au bord du vide en passant par l'inquiétude de heurter un meuble avec les jambes en retombant sur les pieds, la peur paralyse, influence notre comportement et représente un obstacle personnel à affronter. Selon l'enseignement en gymnastique sportive, la peur ne se franchit jamais d'un seul coup. Une série d'éducatifs progressifs sont nécessaires avant de s'élancer dans l'inconnu. Un travail de repérage dans l'espace par l'apprentissage de la roue par exemple peut permettre aux débutants de se mettre en confiance avant d'avoir la tête en bas. De la même manière, un équilibriste ne se place pas en équilibre sur un objet de trois mètres de haut sans avoir au préalable essayé de tenir sur un objet de deux mètres et ainsi de suite. Dépasser nos peurs petit à petit en sortant de notre de zone de confort correspond selon moi à ouvrir une porte vers le courage et la confiance en soi. Il ne s'agit pas de se terroriser, mais simplement d'analyser calmement chaque variable qui génère la peur et chercher des exercices adaptés pour les franchir progressivement.

Chapitre 13
DÉVELOPPEMENT SPORTIF

Bien plus qu'un simple passe-temps, le Handstand est un sport à part entière. Il demande une implication quotidienne et mobilise quasiment tous les muscles du corps, bien que le dos et les bras soient beaucoup plus sollicités que les jambes. Le travail musculaire s'apparente à du gainage sous la forme de contractions isométriques et le travail mental se traduit par une amélioration de la proprioception. Ce sport est donc sans risques pour les muscles du corps. Les blessures les plus fréquentes dans la pratique de l'équilibre sur les mains ne sont pas musculaires mais tendineuses et concernent principalement les poignets.

Pour éviter de se blesser ainsi, il est indispensable d'échauffer correctement le corps en accentuant l'effort sur les poignets au début de chaque séance. Cette articulation, en plus d'être complexe et fragile, n'est pas habituée à supporter ni à équilibrer le poids de notre corps en entier. Pour cette raison, le temps d'entraînement quotidien doit augmenter progressivement pour que le corps s'adapte à un effort de plus en plus long. L'équilibriste doit aussi prendre un temps de repos entre chaque essai pour mobiliser ses poignets. La durée de ce repos est toujours proportionnelle à la durée de l'essai qui le précède. Chaque semaine il est bon de prendre un jour de pause pour permettre au corps en entier de se régénérer, même si ce sport peut être pratiqué absolument tous les jours sans déclencher aucune blessure. Le travail émotionnel dans l'apprentissage de l'équilibre sur une main est lui aussi quotidien et il peut malheureusement mener parfois à un isolement social ou une obsession maladive. La gravité de ces blessures psychologiques doit être identifiée suffisamment tôt par l'équilibriste qui choisira de prendre une pause longue de plusieurs semaines ou mois dans son entraînement. À la reprise, la force musculaire de ce pratiquant aura légèrement diminuée mais sa technique et son placement seront intacts, et il récupérera son niveau original en un rien de temps.

Le renforcement et les étirements représentent un travail annexe non négligeable dans la pratique du Handstand car ils permettent l'amélioration de la mobilité musculaire. Je ne suis pas spécialiste dans ces deux domaines mais je partagerai ici les connaissances que j'ai acquises tout au long de mes quatre années de pratique.

Le renforcement musculaire est selon moi un travail qu'il faut réaliser à la fin des sessions après les exercices d'endurance au moment où le corps est bien chaud, lorsque le mental est affaibli. Il est judicieux de ne jamais travailler le même groupe musculaire d'un jour sur l'autre car le muscle sollicité a besoin d'au moins un jour pour récupérer suite à l'effort intense qu'il aura subi. Le renforcement doit être pratiqué dans l'optique de gagner en force, c'est pourquoi de nombreuses séries contenant peu de répétitions à poids élevé seront privilégiées. Prenons l'exemple d'une personne pouvant enchaîner au maximum vingt pompes d'affilée. Dans le cadre de son renforcement, cette même personne devra plutôt réaliser dix séries de six pompes alourdies ou explosives. Pour les alourdir, on peut soit rajouter du poids en haut du dos, soit réaliser les pompes sur les mains, le ventre face à un mur avec les pieds en appui. Les pompes explosives peuvent être réalisées en tapant dans les mains entre chaque répétition. Deux autres exercices sont aussi régulièrement pratiqués dans le renforcement lié à l'équilibre sur les mains : les *dips* (pompes verticales sur barres parallèles avec la tête en haut) qui développent surtout les triceps, et les levers de jambes en position *pancake* (assis avec les jambes écartées) qui travaillent les tenseurs de hanches utiles à la position L-sit et au maintien de la plupart des postures sur une main.

Il existe plusieurs méthodes d'étirement différentes. Je présenterai ici les avantages de mes deux méthodes favorites auxquelles je me suis particulièrement intéressé. L'étirement actif est généralement réalisé en début de séance, avant de se mettre sur les mains. Il consiste à réaliser des courtes séries de mouvements dynamiques en cherchant le maximum d'amplitude possible. Pendant ce type d'exercice le muscle s'allonge et son muscle antagoniste se contracte en même temps. Il faut toujours être prudent et ne jamais tirer trop fort brusquement. L'étirement actif peut servir d'échauffement à condition de respecter ses propres limites d'amplitude. Trois séries de dix répétitions suffisent généralement pour atteindre le maximum d'amplitude d'un groupe musculaire. Contrairement au renforcement, cette méthode d'étirement peut être pratiquée tous les jours sans risque de blessures.

La deuxième méthode est très différente puisque l'objectif n'est plus de gagner en amplitude, mais de relaxer le muscles pour atteindre un état de décontraction totale. Il s'agit de l'étirement passif. Il consiste à réaliser des séries de postures tenues qui tirent sur un muscle sans contracter son muscle antagoniste. Pendant trois séries d'une minute, il est important de souffler lentement et de porter sa concentration sur le fait de détendre tout le corps. Visualiser le muscle en question en train de s'étirer permet de mieux comprendre le fonctionnement de son propre corps et ses limites sans jamais dépasser le seuil de douleur. L'étirement passif doit être tenu avec une sensation désagréable mais jamais douloureuse. La progression dans l'assouplissement n'est pas la même d'un individu à l'autre, dans tous les cas elle reste très lente et c'est pourquoi il ne faut pas s'attendre à observer des résultats rapidement. Pratiqués régulièrement, les étirements permettront une progression remarquable au fil des mois et des années.

Chapitre 14
LA CULTURE HANDSTAND

Le Handstand est un sport qui s'est développé depuis de nombreuses années dans le monde du spectacle selon les enjeux et les critères du cirque. Ce n'est que très récemment qu'il a commencé à se répandre partout dans le monde avec l'arrivée des réseaux sociaux et internet. Les artistes de cirque, de break-dance, les gymnastes et autres pratiquants de ce sport ont commencé à partager des images de leurs entraînements au grand public, permettant ainsi sa diffusion et participant à la création de la culture Handstand mondiale. En janvier 2021, une première initiative de lancement d'un magazine imprimé en anglais « *The Handstand Press* » dédié uniquement à cette culture est annoncée sur la plateforme Instagram. L'objectif de ce journal sera de récolter toutes les informations concernant le Handstand auprès des pratiquants, partout dans le monde, autant sur l'expression artistique que sur les performances sportives afin de rassembler les adeptes, favoriser les échanges et inspirer la communauté internationale.

Dans certaines villes autour du globe ce sport est déjà reconnu. À Kiev en Ukraine, Montréal au Canada, Hong-Kong en Chine ou encore Porto au Portugal, les écoles de cirque ont pour réputation de proposer les meilleurs méthodes d'apprentissages et des pratiquants du monde entier s'y rendent pour percer les secrets de l'équilibre. À Perth en Australie, le développement du Handstand semble avoir atteint son plus haut niveau. L'apprentissage de l'équilibre sur les mains y est maintenant tellement ancré dans le quotidien que cette ville contient deux des salles d'entraînement les plus mythiques : « *Aspen Coaching* » et « *Inspired Movement Studio* ». Ces salles de sport

offrent des professeurs réguliers dont la réputation dépasse les frontières de l'Australie. Et ce n'est pas tout ! Une poignée de coachs légendaires indépendants arpentent les grandes villes d'Europe, d'Indonésie et d'Amérique en proposant des stages ponctuels ou des retraites de plusieurs semaines. Je citerai ici les icônes européens Yuval Ayalon, Ulrik Ask Fossum et Mikael Kristiansen, qui dédient leur vie à l'évolution de ce sport en présentant le Handstand comme une discipline indépendante du cirque et accessible à tous.

En plus d'être un sport remarquable, le Handstand est un art que l'on retrouve de plus en plus en vidéo ou dans la photographie sur les réseaux sociaux. Les mouvements et les postures qu'un équilibriste peut réaliser avec son corps maintenu sur une main sont illimités. C'est la volonté permanente d'élargir la carte mentale des possibilités qui donne accès à une connaissance totale de son corps. La connaissance mène directement à la liberté d'expression et à la créativité artistique.

En plus d'être professeur d'équilibre au Portugal, Mauricio Jara est un artiste connu pour l'humour et la joie qu'il dégage lorsqu'il tient sur les mains. Sa compréhension fine de son propre corps lui permet littéralement de danser en rythme tout en gardant la tête en bas. Cela représente un niveau extrêmement élevé.

Il existe deux types d'évolution possibles après l'apprentissage de l'équilibre sur une main. Certains préféreront le côté sportif et chercheront toujours à augmenter leur endurance et leur fréquence de réussite en tentant d'atteindre le summum de leurs capacités physiques, d'autres se tourneront vers le côté artistique avec pour seul but la réalisation de séquences, d'enchaînements, la recherche de postures dans la photographie, le spectacle ou la vidéo. Ces deux types d'évolution restent cependant liés puisque la création artistique ne peut émerger qu'au-delà d'un certain confort physique. De la même manière, le travail d'endurance pur est trop ennuyeux et incomplet lorsqu'il est pratiqué sans ajout de transitions artistiques basiques. En clair, l'un ne fonctionne pas sans l'autre.

Chapitre 15

UNE HISTOIRE D'AMOUR

Apprendre à tenir en équilibre sur une main est une activité qui demande beaucoup plus de temps et d'énergie que vous ne pouvez l'imaginer. Sous forme de passe-temps irrégulier, la progression sera tellement lente que vous ne verrez presque aucune évolution au fil des mois et des années. Considérez cette activité comme un sport à part entière, c'est le meilleur moyen pour débuter correctement. L'intérêt que vous porterez à cette discipline doublé d'un entraînement quasiment quotidien vous permettra de construire petit à petit un équilibre solide. Pendant les mauvais jours, vous serez confrontés à la frustration. Dans ces mauvais moments, rappelez-vous toujours que la recherche d'équilibre est la quête d'une vie. Aucun mouvement n'est jamais acquis, on ne fait qu'améliorer nos gestes en continu par la répétition. L'amusement est une priorité dans la pratique de ce sport pour éviter l'ennui et la haine. Soyez inventifs, osez l'impossible pour mieux comprendre vos propres limites. Derrière toute la complexité qu'il présente, ce mouvement reste accessible à tout le monde. La régularité et l'amusement seront pour toujours les deux facteurs d'une progression efficace.

La joie que l'on ressent après avoir dépassé notre record personnel d'un seule seconde est indescriptible. Le bonheur ressenti est parfois tellement grand que plus rien dans la journée n'a autant d'importance. Lorsque les bonnes émotions sont présentes pendant certaines sessions où l'on se sent en forme, chaque essai est un profond plaisir. Impressionner votre entourage en montrant vos capacités est une chose, le sentiment de contrôle absolu en est une autre.

Ne vous rabaissez pas à l'impatience d'une démonstration impulsive, regardez plutôt vos émotions passer et saisissez l'opportunité d'un sentiment agréable quand elle se présente pour vous exprimer.

Aujourd'hui j'ai conscience de mes capacités physiques, j'ai appris à percevoir mes émotions et mieux les canaliser. Je ne m'entraîne plus vraiment dans le but d'améliorer mes performances physiques mais plutôt pour tenter de m'exprimer au travers de cet art fantastique aux possibilités illimitées. Je compte bien évidemment participer au développement de ce sport que j'aime passionnément en continuant de partager mes connaissances au travers du coaching partout dans le monde. Avec ce livre, j'espère vous avoir donné envie de partir dans la grande quête de l'équilibre.

REMERCIEMENTS

Je tiens tout d'abord à remercier ma tendre *Marine Merfeld* pour toute l'aide et le soutien qu'elle m'a apporté pendant la réalisation de ce livre. Merci aussi à mon ami *Manuel de Lignières* pour avoir été le plus courtois des hôtes et pour le travail exceptionnel de mise en page qu'il a fait. Je remercie le graphiste talentueux *Elies Toumi* pour son travail impeccable dans la création des schémas. Un grand merci aux photographes *Tom et Benjamin Espuche, Alistair Girardot* et *Rose Curings* pour avoir su illustrer à merveille mes propos. Je remercie aussi mon amie *Camille Andioc* pour la correction complète du livre. Merci enfin à *Alfred, Maria, Danaé, Wilder* et toutes les personnes qui m'ont apporté leur soutien pendant la réalisation. Je termine en remerciant du fond du cœur *Vincent Lammert, Nicolas Montes De Oca, Mihaela Karkia* et tous les passionnés d'équilibre qui continuent de partager la beauté de cette discipline à travers le monde.

RÉMI ESPUCHE
Coaching et prestations
Instagram : @remi_mosa
remi.espuche@gmail.com

DESIGN GRAPHIQUE
Manuel de Lignières ↳ *www.manudel.com*
Imprimé en 2021

TYPOGRAPHIE
Texte composé en IBM Plex Sans
Titres et couverture composés en Antick

Printed in France by Amazon
Brétigny-sur-Orge, FR

20343470R00042